AF596889

MAROMME ET ROBEC

NOTICE

SUR UN PROJET MIXTE D'ALIMENTATION D'EAU

POUR LA VILLE DE ROUEN

Présenté à la Municipalité le 30 Septembre 1863

PAR

MM. OZANNE ET BOITARD

Ingénieurs civils, anciens élèves de l'école Impériale Centrale des Arts et Manufactures.

Que le bon sens nous guide,
Que la science nous éclaire,
Que Dieu nous aide.

31 Mars 1866

Mont-de-Marsan. — V. Leclercq, imprimeur de la Préfecture.

AVANT-PROPOS

La ville de Rouen ayant soumis à l'approbation ministérielle, le traité qu'elle avait passé le 26 août 1864 avec MM. Easton, Amos, Rivolta, Green et Compagnie, de Londres, pour l'exécution et l'exploitation de sa distribution d'eau, nous pensions que tous les projets étrangers, et particulièrement celui que nous avons déposé à la Mairie le 30 septembre 1863 étaient mis à jamais hors de cause.

Mais le 24 janvier 1866, le journal officiel de la localité insérait en tête de ses colonnes l'article que voici :

« L'Administration municipale de Rouen, avait adressé à » M. le Ministre du Commerce et des Travaux publics, le » dossier des pièces du traité passé avec une Compagnie » anglaise, pour obtenir le décret d'expropriation et d'u» tilité publique, relativement à la dérivation d'une partie » des eaux de la rivière d'eau de Robec.

« M. le Ministre vient de renvoyer ce dossier, qui est en » ce moment entre les mains de l'Ingénieur en chef Tarbé » de Saint-Hardouin, en invitant la municipalité à mettre » à l'étude tous les projets et contre-projets concernant » la question des eaux, et même ceux de forages de puits

» artésiens. On y joindrait, en outre, un relevé des volu- » mes d'eau existant à Rouen.

« Cette enquête, plus complète, va occasionner un nou- » veau retard ; mais il ne faut pas s'en plaindre si les dis- » positions libérales de M. le Ministre, en permettant à » toutes les combinaisons, à toutes les observations, de se » produire librement, assurent au projet sa meilleure et sa » plus complète élaboration en vue de l'intérêt local. »

Puisque la question est de nouveau mise sur le tapis, nous avons cru ne pas devoir laisser passer cette occasion inattendue de mettre sous les yeux du public un projet que nous avons élaboré avec soin, pour lequel l'Administration n'a eu que des appréciations bienveillantes,(note A) mais qui est resté néanmoins, faute de publicité, complètement ignoré de ceux qu'il pourrait le plus intéresser.

Nous ne venons point combattre l'Administration, ni lui susciter aucune entrave, nous voulons au contraire lui indiquer le moyen d'arriver sûrement à son but : à savoir de doter la ville d'une distribution plus abondante qu'aucune de celles que l'on a proposées, par des moyens très économiques et en réduisant au minimum le préjudice porté aux industriels de la ville de Darnétal.

Pour cela que faut-il ? Trois choses seulement.

1° Ne prendre aux sources de Robec que l'eau nécessaire à la ville haute, soit 2,600 à 3,000 mètres cubes par jour.

2° Prendre l'eau destinée au restant de la ville à la

source de Mme Bérubé, de Maromme, qui débite 14,000 mètres cubes par jour en temps moyen.

3° Que la ville exécute elle-même ses travaux et surtout qu'elle reste en possession du service des eaux.

C'est ce que nous essaierons de prouver.

LES EAUX DE ROBEC ET LES EAUX DE MAROMME.

MÉMOIRE

A L'APPUI DU PROJET DE DISTRIBUTION D'EAU

POUR LA VILLE DE ROUEN,

Présenté le 30 septembre 1863,

PAR MM. **OZANNE** ET **BOITARD**.

CHAPITRE PREMIER.

HISTORIQUE DE LA QUESTION DES EAUX

Le 4 Mars 1858, M. Grimaux, aujourd'hui adjoint de Maire à Rouen, proposa de dériver 60 litres d'eau par seconde de la source de Robec qu'il venait d'acquérir.

Cette eau devait être amenée dans les fonds de Bihorel, au moyen d'un tunnel de 6 kilomètres de longueur dont l'exécution aurait permis, suivant

l'Auteur, de rencontrer des nappes d'eau souterraines destinées à fournir le complément nécessaire pour l'alimentation complète de la cité.

Ce projet a été le point de départ de toutes les études postérieures.

Plus tard, M. le Maire institua une Commission spéciale, chargée d'élaborer un projet plus complet. Cette Commission, composée de savants et d'Ingénieurs des ponts et chaussées, a résumé son travail dans un rapport officiel daté du 11 janvier 1860. — Elle conclut à l'alimentation de toute la ville, par une dérivation unique de 140 litres par seconde, faite aux sources de Robec et à l'utilisation des eaux des anciennes fontaines de la ville. Le volume total disponible devait être de 14,000 mètres cubes par jour. Ce travail a été élaboré par MM. Lebasteur et Cazavan Ingénieurs des ponts et chaussées.

Sachant que les études se poursuivaient sans relâche, nous nous attendions à chaque instant à voir les travaux commencer.

Jusqu'à la fin de l'année 1862, nous avons vécu dans cette illusion. Mais nous étant informés alors des motifs du retard apporté dans l'exécution des travaux on nous fit savoir que des difficultés s'étaient élevées, que des oppositions s'étaient produites, que la vallée de Darnétal s'opposait à la dérivation des eaux de Robec, et qu'enfin on n'était pas beaucoup plus avancé que le premier jour.

Emus de cette situation, nous nous décidâmes, non sans quelque hésitation, à présenter à notre tour, un projet que nous méditions depuis longtemps, et qui consiste à n'emprunter aux sources de Robec que le volume d'eau nécessaire pour alimenter la ville haute, en prenant à la source Bérubé, de Maromme, toute l'eau nécessaire pour alimenter la ville basse et Saint-Sever.

Ce projet, que nous avons déposé à la Mairie le 30 Septembre 1863, nous a demandé une année de travaux assidus sur le terrain et dans notre cabinet, et nous a occasionné des dépenses considérables.

Aussi pensions nous qu'il serait accueilli avec quelques égards.

Nous avons été un peu désenchantés, lorsqu'au mois de mars 1864, nous nous sommes convaincus que la plupart des membres du Conseil municipal n'en avaient eu aucune connaissance ou n'en avaient

entendu parler que d'une manière très-vague, ou en termes très-peu flatteurs.

Nous avons demandé que notre travail fût soumis comparativement avec les autres projets à l'examen du Conseil général des Ponts et chaussées ou d'une Commission d'Ingénieurs de Paris que nous avons nommés, en nous soumettant sans appel au jugement qui serait porté sur notre œuvre (Note B).

L'Administration a reculé devant cette épreuve, qui n'avait pourtant rien de blessant pour elle, et notre projet fut mis de côté.

Sur ces entrefaites la ville traita conditionnellement, le 26 août 1864, avec une Compagnie anglaise pour l'exécution des travaux et pour l'exploitation du service des eaux.

Dans la séance du 27 janvier 1865 l'honorable M. Gueroult, alors Adjoint de Maire, exposa au Conseil municipal le projet de traité.

Nous supposons que le public Rouennais a vu ce document qui figure tout au long dans les journaux du 28 janvier 1865. Nous nous bornons à en rappeler les principales dispositions.

Le volume d'eau distribué sera toujours de 14.000 m. cubes dont 12.000 à prendre aux sources de Robec et 2.000 aux anciennes sources de la ville. — La prise d'eau de Robec sera établie à la cote 65.60.

Deux réservoirs, l'un de 4,000 m. cubes, l'autre de 12,000 m. cubes seront établis près des sources même de Robec, à l'origine de la vallée de Darnétal.

Le premier sera maçonné et couvert et contiendra l'eau à conduire en ville.

*Le deuxième recevra seulement l'eau des sources amassée pendant certaines heures de la nuit, afin de la rendre le matin à la rivière de **Robec** et maintenir ainsi, autant que possible, son débit et son niveau actuels.*

Les 12,000 m. cubes d'eau prélevés sur la rivière seront ensuite amenés à Rouen, en deux fois, et à un intervalle de temps plus ou moins considérable, suivant les besoins qui se manifesteront, au moyen de deux conduites en fonte, placées pour la presque totalité, sous les chemins et voies publics. On se bornera à amener d'abord à Rouen 6.000 m. cubes par 24 heures au moyen d'une seule conduite.

Quatre réservoirs couverts seront établis en ville :

L'un rue Jouvenet, à la cote 62.00 ;

Le second au Boulingrin, à la cote 47.00 ;

Le troisième à St-Hilaire, à la cote 18.00 ;

Le quatrième au jardin des plantes, à la cote 18.00.

On posera en ville 52 kilomètres de conduite en fonte.

On établira 80 fontaines publiques et 2 fontaines marchandes.

La Compagnie se charge de la construction de 1,200 mètres d'égouts.

Les articles suivants sont relatifs aux conditions financières, nous y reviendrons plus tard.

C'est ce dernier projet que Son Excellence Monsieur le Ministre des Travaux publics vient de renvoyer à la ville pour plus ample information.

On connaît le projet de M. Grimaux, les études de MM. Lebasteur et Cazavan et les propositions de la Compagnie anglaise.

Il nous reste à faire connaître notre travail.

CHAPITRE II.

PROJET DE MM. OZANNE ET BOITARD (1).

Disons d'abord, afin que personne ne l'ignore, que notre projet n'est point en opposition directe

(1) La connaissance des travaux de MM. Lebasteur et Cazavan

avec celui de l'Administration, puisque nous prenons, comme elle ,l'eau des sources de Robec, seulement notre projet complète celui de la ville, en augmentant de beaucoup le volume d'eau disponible en toute saison et il aplanit une des difficultés les plus graves que présente le projet municipal en réduisant dans une énorme proportion le préjudice causé aux usines de Darnétal.

Malgré les modifications profondes apportées au projet primitif, par le traité passé le 26 août 1864 avec la Compagnie anglaise, toute la pensée de l'Administration se trouve résumée pour nous, d'une manière très nette, dans l'exposé fait au Conseil municipal dans sa séance du 23 mars 1860 par l'honorable M. Guéroult premier adjoint, et dans le rapport de la Commission des eaux qui se trouve à la suite et qui est l'œuvre de M. l'ingénieur Cazavan.

C'est donc ce document qui servira de base à notre discussion.

La Commission constate que Rouen manque d'eau, et qu'un volume de 14,000 m. cubes par

nous a conduit à modifier sur plusieurs points notre projet du 30 Septembre 1863. — On devra donc considérer comme l'expression actuelle de nos idées les indications contenues dans ce nouvel exposé.

24 heures est nécessaire à ses besoins ; mais considérant que les anciennes fontaines de la ville basse donnent en moyenne 2,000 m. cubes, il ne reste que 12,000 m. cubes à demander à des sources étrangères.

A cet effet, on projette de faire une prise d'eau de 140 litres par seconde aux sources réunies de Fontaine sous Préaux ou de Robec.

Le volume dérivé serait conduit par un aqueduc à grande section et plusieurs syphons ayant ensemble 8,177 mètres de développement jusque dans un réservoir de 6,000 mètres cubes de capacité construit dans l'angle formé par la rue Jouvenet et le Chemin des bœufs, au-dessus et un peu à l'ouest du cimetière monumental.

La prise d'eau serait établie à la cote 67 du nivellement général et le seuil du déversoir du bassin à la cote 63. La pente totale serait donc de 4 m. (1).

Voilà la partie essentielle du projet.

---

(1) Ces chiffres ont été modifiés comme il suit depuis que nous avons eu connaissance du projet de M. Lebasteur.

M. Lebasteur prenait l'eau à la cote................	65.888
Le plan de déversement du réservoir de la rue Jouvenet était fixé à la cote.....................................	62.000
La pente totale de l'aqueduc était donc de.	3.888

MM. Ozanne et Boitard, au contraire, ne prennent à la source de Robec que 30 litres d'eau par seconde soit 2,600 mètres cubes par 24 heures, de façon à diminuer de beaucoup la valeur des indemnités à payer aux usines de Darnétal.

Ces 30 litres sont amenés dans un réservoir de 6,000 m. cubes de capacité placé dans la rue du Champ-du-Pardon.

La prise d'eau serait établie à la cote. 65.60

Le plan de déversement du réservoir serait établi à la cote................ 62.00

La pente totale de l'aqueduc serait donc de.............................. 3.60

L'aqueduc suivrait toutes les sinuosités des coteaux sauf en six points où, pour éviter de trop longs détours, il franchirait les vallons transversaux au moyen de syphons en fonte de 0m40 de diamètre intérieur.

L'aqueduc en beton aurait intérieurement une largeur de 0m50 sur 0m30 de hauteur. La tranche d'eau n'aurait que 0m50 de largeur sur 0m25 de profondeur. Les parois, le radier et la couverture auraient 0m20 d'épaisseur seulement.

Sa longueur totale serait de 8,000 mètres, dont 6,000 pour l'aqueduc et 2,000 pour les syphons.

Voici les éléments du calcul de cet aqueduc :

Les syphons auront 0m40 de diamètre intérieur. Leur développement étant de 2,000 mètres, ils pourraient débiter 40 litres d'eau par seconde, avec une perte de charge totale de 0m816.

L'aqueduc, avec sa tranche d'eau de 12 décim. 1/2 de section, pourra écouler 40 litres d'eau, au besoin, avec une pente de 0,0004 par mètre.

Pente totale.

La perte totale de charge pour débiter 40 litres ne serait donc que de 3m22. Or, nous ne voulons dériver que 30 litres et nous avons une pente totale de 3m60, nous avons donc beaucoup de marge.

Prise d'eau à volume variable.

Mais, nous dira-t-on, pourquoi faire un aqueduc et des syphons capables de débiter 40 litres puisque vous n'en voulez prendre que 30 aux sources de Robec ? Vous avez donc quelque intention cachée ? Oui, nous avons une intention ; mais elle n'est pas cachée, et la voici :

Non seulement nous ne voulons prendre que 30 litres par seconde aux sources de Robec ; mais nous voulons même réduire cette prise d'eau à moins de 30 litres quand cela se pourra et voici pourquoi.

Comme on le verra ci-après, nous voulons établir dans la rue du Champ-du-Pardon, un réservoir de 6,000 mètres cubes de capacité destiné à alimenter la ville haute. Or, il arrivera souvent que la ville haute n'absorbera pas les 2,600 mètres cubes que lui assure par 24 heures la prise d'eau de 30 litres et il sera utile, afin de réduire encore le préjudice causé à la vallée de Darnétal de diminuer la prise d'eau ou même de la fermer tout-à-fait toutes les fois que le réservoir du Champ-du-Pardon sera plein ; car alors l'eau se perdrait en pure perte, et il vaut mieux que l'eau se perde dans la vallée de Robec que dans les égouts de la ville.

30 litres au plus dans la semaine.

Mais en revanche qui nous empêche de dériver plus de 30 litres, lorsque la vallée de Darnétal est en chômage, c'est-à-dire le dimanche et les jours de fêtes, nous pourrons ainsi augmenter notre réserve du samedi soir au dimanche soir, sans porter aucun préjudice aux usines ; car depuis le dimanche soir jusqu'au lundi matin le régime de la rivière aura le temps de se rétablir.

40 litres les jours de chômage.

Voilà quel est notre but en faisant un aqueduc capable de débiter 40 litres.

Gardien des sources.

Il est évident qu'il faudra un gardien aux sources pour manœuvrer la prise d'eau et voici comme il sera averti toutes les fois que le réservoir sera plein.

Un flotteur convenablement guidé viendra se mettre en contact avec une pointe métallique fixe, lorsque l'eau commencera à déverser.

Si on suppose que le flotteur d'une part et la pointe de l'autre se trouvent sur le parcours d'un courant électrique, quand le contact se produira le circuit sera fermé et mettra en jeu une sonnerie placée chez le gardien des sources.

Cet appareil ne coûtera pas mille francs.

Ainsi ; prendre au plus 30 litres d'eau dans la semaine et 40 le dimanche et les jours de chômage, voilà notre but ; il n'implique rien de mystérieux.

Réservoir du Champ-du-Pardon.

Les eaux ainsi dérivées seraient reçues dans un réservoir souterrain maçonné et couvert situé au nord de la rue du Champs-du-Pardon.

Il serait du plus grand intérêt de donner à ce réservoir une très-grande capacité, douze mille mètres cubes par exemple, afin de pouvoir à un moment donné, laisser écouler en abondance les eaux accumulées d'une manière lente, mais constante, pendant le temps où la consommation est restreinte, comme il arrive les jours de pluie.

Capacité de 6,000 m. cubes

Il sera toujours facile d'en venir là, mais afin de ne pas outrepasser certaines limites dans le devis, nous nous sommes bornés à fixer à 6,000 mètres cubes la capacité de ce bassin, lequel aura 3 mètres de profondeur d'eau et 2,000 mètres de surface intérieure.

Un réseau de conduites en fonte de diamètres convenablement calculés permettrait de distribuer les eaux ainsi dérivées dans la ville haute, c'est-à-dire dans tous les quartiers où le sol serait supérieur à la cote 15.50. (Note C).

Alimentation de la ville-basse.

Pour alimenter la ville basse et surtout pour assurer aux nombreuses usines de Saint-Sever et du faubourg Martainville la masse d'eau qui leur est nécessaire MM. Ozanne et Boitard ont recours à la source de madame veuve Bérubé de Maromme.

Cette source, dont il n'a jamais été question dans aucun des autres projets présentés à la ville de

Rouen, pas plus que dans aucun des rapports de la Commission des Eaux ; cette source que très-peu de Rouennai sont visitée, même depuis que nous en avons parlé par la voix de la presse, mérite pourtant bien de fixer l'attention.

Source de madame Bérubé, à Maromme.

La description qui suit en fera comprendre l'importance.

La source de madame Bérubé est située dans la commune de Maromme.

Son altitude.

Elle sort de terre à 50 mètres environ de la route impériale n° 14, à 350 mètres au-delà de la borne kilométrique n° 23 en allant vers le Hâvre. La surface de l'eau est à 28^{m}70 en contre-bas du repère de la gare de Maromme, soit à la cote 18.334 du nivellement général de la ville de Rouen, c'est-à-dire à 1^{m}60 au-dessus du centre de la place de l'Hôtel-de-ville et à 10 mètres environ au-dessus du pavé de la place de la nouvelle Eglise de St-Sever.

Son débit.

Cette source, jaugée avec soin, a accusé un débit de 165 litres par seconde au mois de février 1863, de 156 litres à la fin du mois d'août de la même année, et de 143 litres le 18 août 1864 après une sécheresse plus qu'ordinaire, et de 180 litres le 21 février 1866.

Ainsi on peut compter sur un volume maximum de 15,550 mètres cubes et sur un débit moyen de 14,000 m. cubes par 24 heures en temps ordinaire.

La température de cette source se maintient invariablement à 11 degrés 1/2 centigrades. Sa température.

Son dégré hydrotimétrique, constaté par M. Vincent, chimiste à Rouen, est de 19°1/2. Son degré hydrotimétrique.

Quant à la qualité des eaux de la source Bérubé, voici ce qu'en disent MM. Preisser et Girardin dans l'*Annuaire des Eaux de France* de 1851 (page 96) :

« Cette source prend naissance dans la propriété
» de M. F. Bérubé, de Maromme. Elle fait marcher
» la filature de cet industriel, et va ensuite se jeter
» dans la rivière de Bapeaume.

» Cette eau est claire, transparente, agréable au
» goût ; elle peut servir à la boisson et à tous les
» usages domestiques, car elle cuit bien les légu-
» mes et dissout bien le savon.

Après une pareille appréciation il n'est pas besoin d'insister.....

C'est cette source qu'il s'agirait d'acquérir et d'amener à Rouen.

A cet effet, on établirait un aqueduc de 5,040 m. de longueur, qui, partant de la source, viendrait aboutir dans un réservoir de 3,000 mètres cubes placé derrière l'Hôtel-Dieu, à la hauteur de la rue du Chouquet.

Aqueduc de Maromme.

L'aqueduc, établi en général à $1^{m}00$ ou $1^{m}50$ au-dessous du sol, suivrait tous les contours du coteau et franchirait, sur une série d'arcades de 240 mètres de longueur, sur 2 mètres de hauteur moyenne, un petit vallon situé à la hauteur de la rue de la Croix-d'Yonville et que le remblai du chemin de fer ne permet pas de contourner.

La section de l'aqueduc présenterait la forme d'un ovoïde, dont la hauteur sous clef serait de $1^{m}60$ et la plus grande largeur de $1^{m}10$.

La section de la veine fluide serait de 1 mètre superficiel, et la vitesse de l'eau de $0^{m}165$ seulement par seconde ; aussi la pente totale ne serait-elle que de $0^{m}25$ sur la longueur de 5,040 m. (1).

(1) En augmentant un peu la section ou la pente de l'aqueduc on pourrait dériver la totalité des eaux, lors même que la source débite 180 litres par seconde.

L'eau de la source étant à la cote 18.334 — et le plan de déversement du réservoir à la cote 18.00 — il y aura effectivement 0m334 de pente ; mais nous avons dû garder cette marge pour parer aux éventualités.

Un réservoir de 3,000 mètres cubes de capacité serait établi à l'arrivée de l'aqueduc. Ce réservoir, dans lequel l'eau n'aurait que 1m50 de profondeur, aurait, intérieurement, une superficie de 2,000 m. carrés. Le radier en beton aurait 0m30 d'épaisseur, et la couverture serait formée de voûtes légères en briques et ciment supportées sur des poutrelles de fer Zorès, reposant elles-mêmes sur de légères colonnettes en fonte.

Réservoir de l'Hôtel-Dieu.

Un réservoir, en tout semblable, et de même capacité, serait établi aux abords de la place Saint-Hilaire, et au nord de la route de Rouen à Darnétal.

Réservoir Saint-Hilaire.

Ces deux réservoirs seraient reliés par une conduite en fonte de 0m60 de diamètre intérieur, qui, partant du réservoir de l'Hôtel-Dieu, suivrait le boulevard de la Madeleine, tous les quais, le boulevard de la Nitrière et le boulevard Martainville, sur une longueur de 3,600 mètres.

L'aqueduc étant plein, ainsi que les deux réservoirs, la quantité d'eau mise en réserve se trouverait donc de 11,000 mètres cubes.

Il est facile de comprendre qu'au moyen de branchements établis sur la conduite-mère qui suit tous les quais, on pourra porter des torrents d'eau dans toute la ville basse et aux innombrables usines de Saint-Sever et de Martainville.

En exécutant simultanément les deux aqueducs de Robec et de Maromme on serait donc assuré d'avoir, en temps ordinaire, 16,600 mètres cubes d'eau, qui, ajoutés aux 2,000 mètres cubes des anciennes fontaines, que nous citons ici seulement afin d'établir le parallèle entre les divers projets, porteraient ainsi le volume total disponible à 18,600 m. cubes au lieu de 14,000 que promet le projet de l'Administration.

Ville-basse.

C'est ici le moment d'indiquer ce que nous entendons par la ville basse, et de faire voir quelles sont les limites de la zône qui pourra être alimentée par les eaux de Maromme.

Le puisage dans les réservoirs aura pour effet d'en abaisser le niveau. Ce niveau pourra s'abaisser très près de la cote 16m50, qui est celle du fond des bassins. Quand cet abaissement exceptionnel se produira, ce qui sera fort rare, l'eau ne pourra plus atteindre que les bouches d'eau inférieures à la cote 15m50.

La zône d'alimentation inférieure sera donc limitée, au nord, par la rue de Crosne, la rue de la Grosse-Horloge, jusqu'à la rue des Vergetiers, la rue des Bonnetiers, la rue du Père-Adam et la rue Eau-de-Robec.

C'est déjà quelque chose que d'assurer de l'eau à tous ces quartiers populeux, commerçants et industriels, sans rien prendre aux sources de Robec.

Ainsi, l'Hôtel-Dieu, la Préfecture, la Douane, l'Entrepôt, Saint-Eloi, Saint-Vincent, la Poste, la Bourse, le cours Boïeldieu, le Théâtre Français, la rue Grand-Pont, la Basse-Vieille-Tour, la Manutention, le Clos-Saint-Marc, la Caserne Martainville, le Champ-de-Mars, Bicêtre, l'Hospice-Général, l'île Lacroix, la Gare de la rive gauche, le Cirque, la caserne Saint-Sever, les Docks, la caserne Bonne-Nouvelle, l'Usine à gaz, le Marché aux bestiaux, l'Abattoir, Saint-Yon, Trianon, la Prison centrale et une quantité innombrable d'établissements industriels, se trouveront pourvus d'une eau abondante et de première qualité, dont la vente, par voie d'abonnement, devra suffire à payer au moins l'intérêt des sommes engagées.

Nous devons ajouter de suite que la dépense totale ne serait pas plus grande qu'avec le projet de la Ville et que nous avons l'avantage inappréciable de réduire presque à rien le préjudice causé aux usiniers de la vallée de Darnétal.

Discussion des projets.

Maintenant, à quel point de vue importe-t-il surtout de comparer les deux projets mis en présence.

Il est certain que les points essentiels à examiner, sont :

1° L'origine des eaux, leur nature et leur qualité ;

2° Le volume des sources en temps ordinaire et surtout en temps d'étiage ;

3° Leur altitude ;

4° Leur distance du centre à desservir ;

5° La dépense à faire pour les amener dans les

réservoirs et surtout la question des indemnités à payer à ceux auxquels leur dérivation portera préjudice.

La question des réservoirs, des conduites de distribution, des fontaines, des bouches d'incendie, étant du domaine de l'ingénieur et indépendante des phénomènes naturels qui produisent les sources sont d'un ordre secondaire. La dépense en sera à peu près la même quel que soit le projet adopté. Elle peut d'ailleurs varier du simple au double, suivant l'étendue que l'on voudra donner à la distribution.

Faut-il s'attacher aussi à discuter sur le nombre de litres qui sera attribué à chaque habitant par chaque jour de 24 heures ? Cela est bon à savoir, mais cela n'a d'intérêt que pour fixer un minimum.

Le chiffre de la population agglomérée n'est pas d'ailleurs très précis, car dans le Mémoire de la Ville ce chiffre est fixé tantôt à 103,223, tantôt à 100,000, tantôt à 120,000 habitants.

Nous l'avions nous-même fixé à 125,000 âmes en prévision d'un accroissement de population possible.

Nous nous attacherons donc à comparer les projets aux cinq points de vue indiqués plus haut.

1° Origine des eaux. — Leur nature, leur qualité.

L'eau des sources de Robec est d'excellente qualité, cela est incontestable. Voici ce qu'en disent MM. Preisser et Girardin (*Annuaire des Eaux de France* 1851, page 83).

« Puisée à l'endroit où elle sort de terre, l'eau
» de Robec est incolore, claire, limpide, sans au-
» cun goût désagréable, elle dissout très-bien le
» savon. »

Celle de Maromme n'est pas moins bonne.

« Cette source, disent les mêmes savants, (pa-
» ge 96), prend naissance dans la propriété de
» M. F. Bérubé de Maromme. Elle fait marcher
» la filature de cet industriel et va ensuite se je-
» ter dans la rivière de Bapeaume.

» Cette eau est claire, transparente, agréable
» au goût, elle peut servir de boisson et à tous
» les usages domestiques, car elle cuit bien les lé-
» gumes et dissout bien le savon.

L'eau de ces deux sources est donc excellente.

Dans le rapport de la Commission spéciale (page 59) on trouve un article intitulé : *Recherche des Sources pouvant convenir à la distribution de Rouen.*

Dans cet article, on énumère avec soin toutes les sources, tous les cours d'eau qui versent leurs eaux dans les vallées tributaires de la Seine et qui pourraient être dérivés sur Rouen.

On cite même, dans cet article, des ruisseaux du Puchot et de l'Oison, près d'Elbeuf, et celui de Moulineaux près de la Bouille. Quant à ce qui concerne les eaux des vallées de Clères et Cailly, où se trouve la source Bérubé, il est dit textuellement (page 60) :

« Or, d'une part, les sources utiles à dériver
» des rivières de Clères et de Cailly sont au moins
» *à 20 kilomètres de Rouen*, puis il faut convenir
» qu'elles desservent actuellement la vallée la plus
» industrielle du département, peut-être de France.»

Ainsi, il nous parait bien avéré que la source Bérubé, qui se trouve à 5 kilomètres de Rouen, dans la vallée de Cailly et qui débite normalement 165 litres d'eau par seconde, a échappé aux investigations de la Commission, qui ne la nomme même pas, et ne parle que des sources situées à 20 kilomètres au moins de Rouen. (Note D).

On dira peut-être qu'elle était considérée comme ne pouvant être *utilement* dérivée à cause de son peu d'altitude, mais quand on cite les ruisseaux d'Elbeuf et de Moulineaux on peut bien parler d'une source aussi remarquable, lors même qu'il eût fallu faire une réserve quant à son peu d'élévation au-dessus de la Seine.

C'est donc à cette source, que MM. Girardin et Preisser avaient seuls citée avant nous, mais que la Commission avait oubliée, que nous nous proposons de prendre la majeure partie de l'eau destinée à la ville de Rouen, en ne prenant aux sources de Robec que l'eau nécessaire à la ville haute.

2° Volume des sources

Examinons maintenant les sources au point de vue de leur débit, et posons nous d'abord cette simple question.

Les sources de Fontaine-sous-Préaux prises à l'altitude de 65m60 pourront-elles en tout temps fournir les 140 litres dont vous avez besoin ?

Il nous paraît évident que non.

Or, comme ceci est de la plus haute gravité, nous allons traiter la question *in extenso*.

La prise d'eau de la ville devant être établie à la cote 65.888, qui est la cote de police de l'usine Fontaine, les sources inférieures sont mises hors de cause.

Les trois sources supérieures, réunies au déversoir de cette usine, qui est la deuxième en partant des sources, ont accusé les débits suivants :

Le 27 septembre 1862. 210 litres par seconde.
Le 7 août 1863....... 210 litres id.
Le 20 août 1864...... 190 litres id.

Mais en 1858, la source Grimaux, qui débite en temps ordinaire 60 litres, d'après M. Grimaux lui-même, n'a plus produit, au plus fort de la sécheresse, que 53, 37 et même 22 litres (page 64 du rapport de la Commission des eaux). Or, si le débit de la source Grimaux est tombé de 60 à 22 litres, comment se fait-il que les deux autres sources, ses voisines, qui surgissent à la même altitude, qui sortent de la même nappe souterraine, n'aient pas subi une réduction proportionnelle ? Est-ce croyable, et quelqu'un s'est-il assuré du fait?

Mais si cette réduction proportionnelle avait eu lieu, il en résulterait que toutes les sources réunies à l'usine Fontaine seraient tombées alors à 77 litres, car on serait autorisé à poser cette proportion:

$$60 : 22 :: 210 : x$$

Si donc dans les grandes sécheresses, les sources réunies s'abaissent jusqu'à 77 litres, comment ferez-vous pour dériver les 140 litres qui vous sont nécessaires ?

Mais ceci est trop grave pour que nous n'insistions pas. Voici un extrait textuel du rapport de la Commission, page 64 :

« ...... A l'égard du volume constant d'eau » sur lequel les sources permettront de compter, » les prévisions de M. Grimaux devront subir une » première modification.

» La source qu'il indiquait dans son projet, » après avoir donné 68 litres par seconde, n'a plus » produit, dans de nouveaux jaugeages, répétés au » plus fort de la sécheresse dernière, que 53, 37, 27 » ou même 22 litres. Ces jaugeages, à la vérité » ont été opérés au milieu d'une sécheresse sans » exemple. Mais c'est précisément pour les mo- » ments de disette que les projets de distribution » doivent être calculés. Heureusement la source » proposée par M. Grimaux n'est pas la seule à

» laquelle on puisse recourir. . . . .
» . . . . . le long du côteau il existe comme un chapelet d'autres sources et sourcins qui grossissent rapidement le cours d'eau, tellement qu'à 200 mètres plus bas il fait déjà marcher deux moulins.

» *La Commission s'est assurée par des jaugeages répétés qu'on trouverait toujours dans la nappe qui alimente cet ensemble de sources les 140 litres à la seconde jugés nécessaires pour subvenir à la consommation normale de Rouen.* »

Comment ! après avoir constaté un pareil abaissement dans la source Grimaux, vous vous contentez d'ajouter que *la Commission s'est assurée par des jaugeages répétés* qu'on trouverait toujours les 140 litres exigés. Et c'est sur cette affirmation que l'on édifie un projet qui va coûter 4,000,000f ! Où sont les jaugeages ? Pourquoi ne pas citer les chiffres et dire combien il passait d'eau au déversoir Fontaine quand la source Grimaux ne débitait que 22 litres ?

Si, comme l'affirme M. Brunier, page 25 de son dernier Mémoire, le débit est descendu à 24 litres en 1860, à 24 litres en 1863 et 1864, cela deviendrait une calamité périodique. Si l'aqueduc eût existé en 1858, non seulement la Ville n'eût pu dériver de Robec que 7,000 mètres cubes au lieu de 12,000 qu'il lui faut, mais encore il lui eût fallu prendre pour cela la totalité des eaux des sources, laisser toutes les usines situées en amont de Longpaon sans une goutte d'eau et priver cruellement toutes celles de la vallée.

Il est vrai que la sécheresse fut exceptionnelle en 1858 ; mais c'est précisément quand la sécheresse est extrême que le besoin d'un grand volume d'eau se fait sentir, comme vous le dites vous-mêmes, et avec raison, à la page 64, ligne 20, du Rapport de la Commission.

M. Grimaux a compris que là était le point vulnérable du projet ; et, dans un article inséré au *Nouvelliste* il a voulu prouver qu'en abaissant le plan d'eau des sources on parviendrait à augmenter le débit et peut-être à le doubler.

Cette opération ne coûterait pas bien cher, il serait au moins prudent d'en faire l'épreuve, avant d'engager la Ville dans une dépense de 4,000,000.

Mais ce serait peine perdue assurément, car, s'il est vrai, et très vrai, que l'on peut diminuer et même réduire à rien le débit d'une source en relevant son plan d'eau, il n'est pas moins vrai que, à moins de circonstances naturelles très rares et qui n'existent pas à Robec, on ne peut augmenter le débit en abaissant le plan d'eau ; cela serait trop commode.

En effet, quand une source a atteint *son régime*, elle débite toute l'eau que lui apporte la nappe arrêtée par le sous-sol imperméable ; si cette source ne débite pas tout, c'est qu'une partie s'échappe par une autre direction, et souvent on s'en aperçoit ; ce phénomène de déviation des eaux se produit quand on relève artificiellement le plan d'eau, et l'un de nous en a vu un exemple sur un cours d'eau assez important dans une vallée industrielle du département.

Mais à Robec, rien de semblable ; il n'y a ni exutoires latéraux, ni échappements cachés. Toute l'eau de la nappe s'écoule bien par les orifices des sources. Nous croyons donc qu'il serait bien téméraire de compter sur cet accroissement de volume.

La Compagnie anglaise a été très prudente en ne s'engageant à dériver que 6,000 mètres cubes par jour pour commencer. Ce sera un bon moyen pour habituer les Darnétalais à se passer d'eau ; peu à peu on augmentera la prise d'eau et peut-être finira-t-on par ne rien dire, tandis que si l'on brusquait les choses on s'exposerait à de graves récriminations.

Nous pensons néanmoins que le réveil, pour être tardif, n'en sera pas moins orageux. Il serait plus sage de se mettre d'accord avant de commencer.

Mais nous demandons instamment que l'on nous désabuse et que l'on nous prouve que nous nous trompons quand nous disons : « *Que les sources*
» *de Robec prises à la cote* 65.888 *ne pourront pas*
» *donner constamment les* 12.000 *mètres cubes d'eau*
» *qu'on veut leur emprunter et qu'il faut aller*
» *ailleurs chercher le complément nécessaire.* »

En ne prenant que 30 à 40 litres d'eau seulement à Robec, nous sommes certains au contraire d'avoir toujours notre contingent assuré, et de ne pas causer de préjudice notable aux usiniers de Darnétal.

3° Altitude des sources.

Mais, a-t-on dit, la source de Maromme n'est pas assez élevée pour desservir toute la ville, il faudra un haut et un bas service, il faudra porter atteinte à la propriété et aux industries dans deux vallées différentes, « c'est déjà bien assez d'avoir » contre soi les industriels de Darnétal, sans » encore aller susciter l'opposition de ceux de » Bapeaume. »

Nous allons essayer de répondre à ces différentes objections.

Les eaux de Maromme n'arriveraient, il est vrai, qu'à la cote 18.00, c'est-à-dire à 1m60 au-dessus du centre de la place de l'Hôtel-de-Ville, mais qu'importe, si, avec cette faible hauteur, elle peut utilement répandre un torrent d'eau dans les deux tiers de la ville et sur toute l'étendue de Saint-Sever, sans exception, alimenter nuit et jour tous les quartiers desservis aujourd'hui par de maigres fontaines et fournir surabondamment aux besoins de toutes les usines de la rive gauche.

Ce sera toujours autant d'assuré et vous pourrez alors réduire au strict nécessaire la prise d'eau de Robec, destinée à alimenter le quartier opulent, mais aussi le moins industriel, de Rouen.

Il faudra un double service, c'est vrai, mais il n'y aura qu'une seule conduite dans chaque rue seulement cette conduite fonctionnera à haute ou à basse pression, suivant les quartiers.

On dira qu'en cas d'incendie la haute pression est indispensable. Nous affirmons, nous, que dans aucune ville on n'a jamais fait un usage utile de la haute pression pour éteindre directement un incendie et cela se conçoit, car il faudrait pour ainsi dire autant de bouches d'eau que de maisons.

Mais enfin, si on veut absolument de la haute pression, il suffit au premier coup de cloche de manœuvrer trois robinets, deux qui isolent le service bas de ses réservoirs, l'autre qui mette ce même service en communication avec le service haut, il ne faut pas trois minutes pour cela.

Cette manœvre se fait tous les jours à Bordeaux, vers dix heures du soir, dans moins de temps que cela.

Le Compagnie anglaise a si bien compris les inconvénients qu'il y aurait à faire fonctionner toutes les conduites sous la charge de 40 mètres d'eau qu'elle a perdu tout le bénéfice de l'altitude en fractionnant son service en trois étages l'un à la cote 62, l'autre à la cote 47 et le troisième à la cote 18. Avec ces trois étages de distribution il lui faudra, de toute nécessité, manœuvrer quatre robinets au moins pour mettre tout le réseau sous la charge du réservoir supérieur.

Notre projet sous ce rapport n'a donc rien à envier à celui des Anglais.

Abordons maintenant la question des deux vallées.

Quel inconvénient y a-t-il à prendre l'eau a deux sources différentes ?

Ce n'est pas au point de vue technique apparemment !

N'est-il pas logique de prendre l'eau où elle se trouve, et si une source ne peut pas suffire, ou si la dérivation de la totalité de ses eaux doit coûter trop cher, n'est-il pas sage de chercher ailleurs le complément nécessaire.

Mais il y a deux aqueducs ! Qu'importe s'ils ne coûtent pas trop cher et s'ils sont nécessaires, Rome en avait bien sept.

Nous proposons, il est vrai, pour Robec un aqueduc à petite section. Nous ne faisons en cela qu'imiter M. Belgrand, qui, devant dériver sur Avallon un volume d'eau de quelques litres s'est bien gardé d'établir pour cela une galerie où l'on puisse circuler. Les Romains eux-mêmes nous ont laissé de nombreux exemples de ces aqueducs économiques à petite section.

« Vous soulèverez contre vous les industriels » de Bapeaume, dit-on. »

D'abord les industriels qui ont quelque intérêt à la conservation de la source Bérubé sont au nombre de treize seulement.

Le préjudice qu'on leur porte est très-peu sensible et peut très facilement s'estimer en argent. La somme de 227,000 francs suffira largement pour les indemniser et nous avons espoir que pas un seul ne fera d'opposition. (Note F.) Mais en même temps nous croyons que notre projet trouvera plus de sympathie dans la vallée de Darnétal que celui de la ville ; car, bien que la prise d'eau de 30 à 40 litres que nous demandons à faire à Robec ne puisse causer qu'un préjudice fort peu considérable aux usiniers, nous avons néanmoins porté à 172,000 fr. le chiffre des indemnités à payer aux propriétaires des 86 usines.

D'ailleurs l'Administration n'a-t-elle pas la prétention de n'avoir rien à payer aux usiniers, si ce n'est à titre gracieux. Si cela est vrai pour Robec cela est vrai pour Maromme, et il suffirait d'acheter les deux sources et tout serait dit.

Nous n'avons nulle confiance dans cette manière de voir, mais alors il ne faut pas nous objecter le chiffre des indemnités à payer.

Quant à l'opposition des industriels, nous croyons avoir prouvé qu'elle sera bien moindre contre notre projet que contre celui de l'Administration.

On a dit encore : qu'avons nous besoin d'eau pour la ville basse, c'est pour la ville haute qu'il en faut, la ville basse a de l'eau, elle en a surabondamment.

Cette objection nous a surpris, car il suffit de consulter l'exposé du 23 mars 1863, page 5, pour se convaincre que sur cinq sources qui alimentent la ville basse, trois seulement donnent de l'eau potable et que sur ces trois celle de Saint-Jacques perd plus de 2/3 de son débit, que celle de Gaalor en perd les 3/10. Toutes les sources réunies, y compris celles dont l'eau est impotable donnent en moyenne 2,000 mètres cubes dont la moitié à peine arrive aux fontaines.

Cela n'est pas brillant et quand le nouveau service sera installé ne sera-t-il pas plus économique de supprimer les anciens conduits pour en vendre le plomb, que d'aller réparer les 12 kilomètres de conduites en poterie ou en métal qui laissent perdre l'eau de toutes parts.

L'expérience prouve que dans les villes où il y avait d'anciennes fontaines on s'est empressé, au moindre dérangement des conduites, de raccorder les orifices avec le nouveau service, ce qu'il était facile de prévoir.

Il en sera de même à Rouen, et nous considérons comme entièrement inutiles (à moins que ce ne soit à titre de mesure transitoire), les dépenses prévues pour la restauration de l'ancienne canalisation dans le *petit traité* avec la Compagnie anglaise.

CHAPITRE III.

ESTIMATION DE LA DÉPENSE.

Nous allons rechercher maintenant combien il en coûterait pour la réalisation de notre projet.

Nous avons dressé dans ce but le devis que voici.

DEVIS ESTIMATIF.

CHAPITRE PREMIER.

Alimentation de la ville basse.

PRISE D'EAU ET AQUEDUC.

Prise d'eau à Maromme. . .	5,000f
Aqueduc souterrain 4,800m à 65 fr. le mètre.	312,000
Aqueduc sur arcades, 240m à 200 fr. le mètre.	48,000
Regards avec échelle, 12 à 500 fr. l'un.	6,000
A reporter.	371,000

Report.........	371,000f	
RÉSERVOIR DE L'HOTEL-DIEU.		
Réservoir couvert et voûté de 3,000 m. cubes de capacité.	120,000	
RÉSERVOIR SAINT-HILAIRE.		
Mêmes dimensions et même contenance que le précédent..	120,000	
MONTANT des travaux de dérivation et des réservoirs. .	611,000	611,000f

CHAPITRE II.

Alimentation de la ville haute.

Prise d'eau à Robec.....	5,000f	
Logement du gardien.....	6,000	
Appareil télégraphique....	1,000	
Aqueduc en béton, 6,000m à 26 fr. le mètre..........	156,000	
A reporter.......	168,000	611,000

Report..........	168,000f	611,000f
Syphons, 2,000 m., à 45 fr. le mètre..................	90,000	
Réservoir du Champ-du-Pardon de 6,000 m. cubes de capacité..................	180,000	
Total pour la dérivation des eaux de Robec.........	438,000	438,000

DISTRIBUTION EN VILLE.

Conduites, robinets, bornes fontaines..................	800,000	
1,200 m. d'égouts, à 100 fr. le mètre.	120,000	
Ensemble.	920,000	920,000

Montant des travaux prévus.......	1,969,000
Direction et surveillance 1/20......	98,450
Somme à valoir..................	132,550
Total général pour les travaux d'art.	2,200,000

INDEMNITÉS.

1° VALLÉE DE ROBEC.

Acquisition des sources (les sources Grimaux appartiennent depuis longtemps à la Ville).	Mémoire.	
Indemnités aux 86 usines de la vallée pour privation de 30 litres d'eau par seconde, sans distinction, entre celles qui utilisent l'eau comme force motrice et celles qui l'utilisent autrement, à 2,000 francs par usine, en moyenne.........	172,000f	
Indemnité aux propriétaires dont les immeubles sont traversés par l'aqueduc ou les syphons. — Acquisition du sous-sol, avec jouissance de la superficie laissée au propriétaire, 16,000 mètres de terrain, à 1 fr. le mètre.......	16,000	
Ensemble.............	188,000	188,000f

2° VALLÉE DE MAROMME.

Indemnités aux usiniers de la vallée de Maromme et acquisition de la source Bérubé suivant le détail porté au tableau annexé à notre projet général de 1863.	227,000f	188,000f
Indemnités aux propriétaires dont les immeubles sont traversés par l'aqueduc. — Aliénation du sous-sol, avec jouissance de la superficie, 30,000 mètres carrés, à 2 fr. le mètre.	60,000	
Ensemble.	287,000	287,000f

3° TERRAINS A ACQUÉRIR EN VILLE.

Acquisition d'un terrain de 2,500 mètres de superficie, pour le réservoir de l'Hôtel-Dieu, à 4 fr. le m. carré. . .	10,000	
A reporter.	10,000	475,000f

Report.......	10,000f	475,000f
Acquisition d'un terrain de même surface pour le réservoir St-Hilaire...........	10,000	
Acquisition d'un terrain de même surface, pour le réservoir du Champ-du-Pardon, à 2 fr. le mètre superficiel...	5,000	
ENSEMBLE...........	25,000	25,000f
TOTAL des indemnités..........		500,000

Si on peut reprocher quelque chose aux évaluations qui précédent, ce n'est pas assurément d'être trop faibles, et la meilleure preuve que nous en puissions donner c'est que nous sommes en mesure de présenter, quand on le voudra, des soumissions d'entrepreneurs s'engageant à faire les travaux pour les prix indiqués.

Quant aux indemnités, nous croyons les avoir fixées à un taux assez élevé. Une somme de 600,000f avait d'ailleurs été mise à la disposition de M. le Maire pour cet objet. (*Nouvelliste 2 du mars* 1865).

CHAPITRE IV.

LA VILLE DE ROUEN DOIT FAIRE ELLE-MÊME SES TRAVAUX ET DISPOSER LIBREMENT DE SES EAUX.

C'est ici le moment d'insister sur ce point essentiel, capital et élémentaire, à savoir : que la Ville doit faire elle-même ses travaux, et conserver la libre disposition de ses eaux.

L'honorable M. Gueroult, dans son rapport du 27 janvier 1865, se demande si la Ville doit se charger du travail elle-même ou traiter avec une Compagnie, en lui abandonnant le monopole de la vente de l'eau pendant un certain temps, et il conclut en adoptant ce dernier parti.

Voici un extrait de ce rapport (*Journal de Rouen du 28 janvier* 1865).

« Si l'on considère seulement les avantages et
» les facilités que la Ville personnellement aurait
» trouvés dans l'exécution, par elle-même, de son
» projet et surtout dans la direction qu'elle aurait
» conservée de la distribution et de la vente de
» l'eau, il n'y a pas d'hésitation possible.

» Il eût été désirable que la Ville pût conserver » la direction et la propriété d'une pareille entre- » prise. *Les plus simples calculs viennent confir- » mer l'évidence de ces avantages* et ce n'est pas » sans les plus vifs regrets que l'Administration » municipale tout entière, après les investigations » les plus sérieuses et en se rendant compte de » toutes les charges budgétaires, a cru devoir re- » noncer à cette première et simple combinaison.

» M. le Maire vous dira *combien il lui en a coûté*, » combien il nous en a coûté à tous, nous ses » collaborateurs assidus et dévoués d'abandonner » cette solution et avec elle nos premières espé- » rances. Mais il vous dira en même temps, avec » toute l'autorité de sa position et de sa parole, » qu'après avoir fait un compte sévère des res- » sources et des charges du budget, il serait témé- » raire, sinon impossible, d'accepter le lourd » fardeau d'un travail qui absorberait près de » 3,500,000 francs.

Pourquoi ces regrets, pourquoi ce renoncement à des avantages si évidents ?

Parce qu'il faudrait, dès aujourd'hui, dépenser 3,500,000 fr. dit M. le Maire.

Ainsi pour ne pas dépenser 3,500,000 fr., vous préférez mettre le Public, et la Ville elle-même, pendant 99 ans à la merci d'une Compagnie étrangère, dont on ne pourra même pas invoquer le patriotisme, ni réformer les tarifs, et à laquelle vous faites les concessions suivantes :

1° Paiement d'une somme annuelle de 75,000 fr. pendant cinquante ans ;

2° Paiement par la Ville de toutes les indemnités, de quelque nature qu'elles soient ;

3° Construction, aux frais de la Ville, de toutes les fontaines monumentales ;

4° Réduction à 1,200 mètres de la longueur des égouts, portée primitivement à 3,320 mètres ;

5° Autorisation de n'amener en ville que 6,000 mètres cubes d'eau pendant une période de temps indéterminée ;

6° Paiement par la Ville de l'excédant du prix des sources et terrains au-delà d'une certaine valeur fixée d'avance et à forfait ;

7° Exonération des droits d'entrée ;

8° Concession du monopole de la vente des eaux pendant quatre-vingt-dix-neuf ans à des prix excessifs. (Le mètre cube d'eau se vendra aussi cher que le mètre cube de gaz ;)

9° Concession du monopole des installations à domicile ;

19° Droit de vendre à la Ville pour 50,000 fr. d'eau par an, en plus des 75,000 fr. de rente annuelle ;

11° Enfin, vous vous réservez de racheter les travaux et le service des eaux pour 2,500,000 fr., au bout de vingt ans au *minimum*.

Et, en présence de ce traité, on hésiterait à dépenser un capital de 2,700,000 fr. et à rester maître du service des eaux ?

Quand la même question a été soulevée à Bordeaux, en 1848, voici ce que dit, à ce sujet, M. Duffour-Dubergier, alors maire de cette ville importante :

« ..... Après cet exposé surgit une question » grave, celle de savoir si la Ville doit entreprendre à ses frais la fourniture de l'eau, ou si elle » doit traiter avec une Compagnie. . . . . . .

» . . . .

» Mais, d'ailleurs, s'il se présentait des Compa- » gnies, ce serait nécessairement parce qu'elles

» compteraient retirer de grands profits de la vente » des eaux aux particuliers. Elles ne manqueraient » certainement pas de mettre tout l'avantage de » leur côté. Trop d'exemples prouvent que, lors- » que quelques chances défavorables et inattendues » viennent à surgir, les Compagnies savent s'y » soustraire ou les faire tourner à leur profit.

» La concession de notre éclairage au gaz à une » Compagnie étrangère est une source de revenus » énormes. Je ne crois pas me tromper en affir- » mant qu'à Manchester la municipalité, qui s'est » réservé ce grand monopole, gagne annuellement » 500,000 fr., qui sont employés à l'élargissement » des rues et à l'embellissement de la ville. Ne » devons-nous pas regretter de ne pas avoir con- » servé cette source énorme de revenus ?

» La concession de l'abattoir prouve encore » combien les villes perdent à traiter avec des » Compagnies, et combien elles paient cher ces » offres patriotiques et soi-disant désintéressées (1).

» Mais, si ces principes sont vrais pour l'éclai-

(1) L'abattoir de Bordeaux a coûté 1,200,000 fr. à la Compagnie concessionnaire, qui en a joui pendant 30 ans. Le revenu de cet établissement figure au budget de 1866 pour 220,000 fr.

» rage, l'abattoir, l'entrepôt, l'octroi, à plus forte
» raison le sont-ils pour la fourniture de l'eau.
» L'eau est, en effet, un objet de première néces-
» sité, et il ne peut y avoir aucun doute sur le
» grand nombre de concessions à domicile qui se-
» ront établies. »

Cela était écrit en 1848. Le service des eaux de Bordeaux n'a été inauguré qu'en 1858, et au 1er janvier 1865, on avait accordé deux mille cinq cent quarante-huit concessions à domicile qui, malgré le prix très réduit auquel ces concessions sont faites, produisaient déjà 151,364 f. 08 c. de revenu à la ville. Cela vaut mieux que de payer 75,000 fr. à une Compagnie étrangère, qui touchera en plus les 150,000 fr. produit de la vente de l'eau.

Nous voyons d'après le devis que la dépense totale, y compris les 500,000 fr., d'indemnités de toute nature ne saurait dépasser 2,700,000 fr.

Ce chiffre est déjà bien au-dessous des 3.500.000f annoncés par M. le Maire.

Mais enfin l'intérêt et l'amortissement d'un capital de 2,700,000 fr calculé à raison de 6 % exigent un versement annuel de 162,000 fr. — Si on y ajoute 18,000 fr. pour les frais de personnel et d'entretien, nous arrivons au chiffre de 180,000 fr. à payer annuellement.

On voit que nous calculons largement.

Or, il est indubitable que dans une période de dix années, au plus, la Ville aura assez d'abonnés pour payer ces 180,000 fr. de rente.

Nous avons sous les yeux une lettre émanant de la mairie de Bordeaux, en date du 1er mars 1866, d'où il résulte que le 1er janvier 1866 la Ville avait fait 3,500 concessions au prix moyen de 52 fr. et quelques centimes, ce qui lui assure un revenu de 182,000 fr. de ce chef, et il n'y a que huit ans que le service des eaux est en activité.

Pourquoi n'en serait-il pas de même à Rouen ?

Ainsi voilà une ville qui pour ne pas emprunter 2,700,000 fr. dont l'intérêt et l'amortissement lui seraient payés dans peu d'années, va payer de 75 à 100,000 fr. par an à une Compagnie, pour lui racheter ensuite son privilège 2,500,000 francs, mais où prendrez-vous donc alors ces 2,500,000 fr. Si vous devez les emprunter, il vaudrait mieux en predre son parti tout de suite et conserver la jouissance de votre service hydraulique que vous pouvez administrer paternellement en abaissant d'autant plus les tarifs que les abonnés seront plus nombreux.

Nous livrons, d'une manière spéciale, ce chapitre aux méditations des économistes Rouennais.

CONCLUSIONS

De cet exposé, il résulte selon nous :

1° Que les sources de Robec prises à l'altitude de 65.60 ne pourront pas en tout temps fournir les 12,000 mètres cubes d'eau dont la ville a besoin ;

2° Qu'en prenant 140 litres par seconde à ces sources, lorsqu'elles pourront les fournir, la Ville porte un préjudice énorme aux usiniers de la vallée de Darnétal ;

3° Que ce préjudice donnera lieu à payer des indemnités qui s'élèveront à près d'un million ;

4° Qu'en ne prenant que 30 litres par seconde aux sources de Robec on est assuré de ne jamais voir ce volume se restreindre, même dans les plus fortes sécheresses ;

5° Que le préjudice causé par le détournement de ces 30 litres pourra se réparer moyennant une indemnité totale de 150,000 fr. ;

6° Qu'en prenant les eaux de la source Bérubé pour alimenter la ville basse, on porte de 14 à 18,000 mètres cubes le volume d'eau disponible par 24 heures ;

7° Que la dépense totale pour obtenir cette quantité d'eau sera moindre que celle qu'entraîne la prise d'eau unique de 140 litres à Robec ;

8° Que le préjudice causé aux usiniers de la vallée de Bapeaume n'est pas comparable à celui que causerait à ceux de Darnétal la dérivation des 140 litres d'eau de Robec ;

9° Que ce préjudice pourra se réparer par une indemnité totale de 227,000 francs, y compris l'acquisition de la source et des immeubles qui en dépendent ;

10° Que la Ville doit emprunter la somme nécessaire et faire exécuter elle-même ses travaux par des entrepreneurs et des ouvriers de la localité ;

11° Qu'elle doit rester maîtresse absolue du service des eaux, afin de pouvoir agir au mieux de l'intérêt public et de pouvoir réduire le prix des concessions d'eau, dès que le produit des abonnements dépassera les frais annuels d'intérêt, d'amortissement, de personnel et d'entretien ;

12° Qu'à égalité de résultat obtenu, soit comme travaux, soit comme quantité d'eau, etc.; la dépense totale (que les contribuables seuls paieront, quoiqu'on fasse) sera toujours moindre avec la Ville qu'avec une Compagnie, puisque celle-ci n'a sa raison d'être que dans la réalisation de bénéfices qu'elle s'efforcera de rendre aussi grands que possible ;

13° Que d'ailleurs les privilèges accordés à la Compagnie anglaise sont exorbitants et que la clause qui lui accorde le monopole des installations à domicile est vexatoire et radicalement contraire aux idées de libre concurrence auxquelles nous sommes accoutumés en France ;

14° Qu'il est hors de doute qu'une période de dix années suffira pour que le produit des concessions d'eau atteigne le chiffre nécessaire pour payer l'intérêt et l'amortissement du capital engagé y compris les sommes payées pendant ces dix premières années pour combler la différence entre les dépenses et les recettes.

Telles sont nos conclusions.

Maintenant avons nous l'espoir de voir adopter nos idées ? Non assurément et nous avons déjà trop d'expérience pour nous faire aucune illusion à cet égard. Il est même présumable qu'à l'époque où cet opuscule paraîtra le traité avec la Compagnie anglaise aura été ratifié par l'autorité supérieure.

Mais puisque nous avons mis en avant notre projet, nous avons voulu le défendre jusqu'au bout et faire voir que si nous sommes descendus dans la lice c'est que nous avions quelque droit à le faire et que, si nous sommes vaincus, il sera bien avéré du moins que nos propositions n'ont rien de commun avec ces conceptions plus ou moins bizarres que suscitent tous les grands projets et en particulier les projets de distribution d'eau.

Nous ne terminerons pas sans répéter notre épigraphe :

Que le bon sens nous guide,
Que la science nous éclaire,
Que Dieu nous aide.

Rouen, le 31 *mars* 1866.

FIN.

AQUEDUC DE MAROMME.

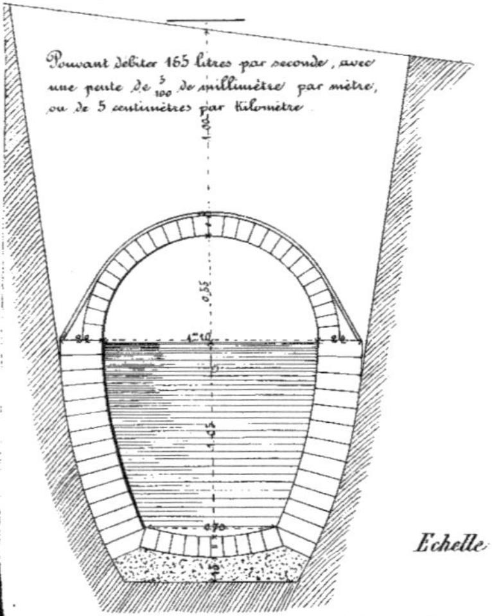

Pouvant débiter 165 litres par seconde, avec une pente de 5/100 de millimètre par mètre, ou de 5 centimètres par kilomètre

AQUEDUC DE ROBEC.

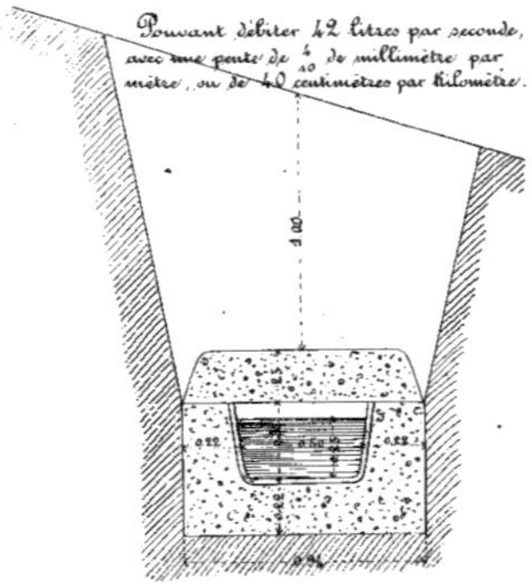

Pouvant débiter 42 litres par seconde, avec une pente de 4/10 de millimètre par mètre, ou de 40 centimètres par kilomètre.

Echelle de 0m 04 pour 1m 00.

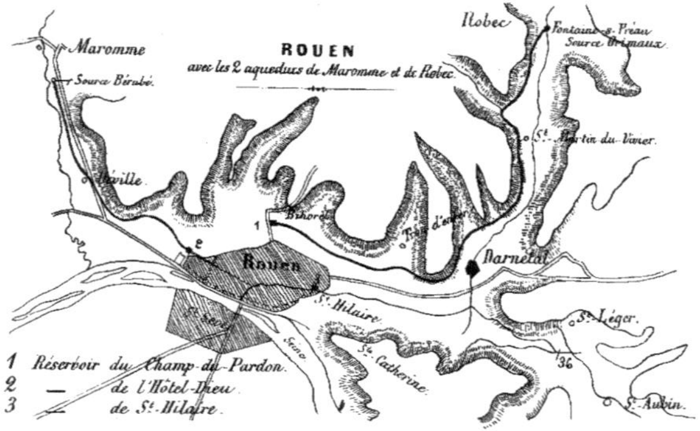

ROUEN
avec les 2 aqueducs de Maromme et de Robec.
Maromme
Source Bérubé.
Robec
Fontaine-s-Préau
Source Grimaux.
Darnetal
Rouen
Bihorel
St. Hilaire
Ste. Catherine
St. Léger.
St. Aubin.
Seine
36
1 Réservoir du Champ-du-Pardon.
2 — de l'Hôtel-Dieu
3 — de St. Hilaire.

NOTES

NOTE A.

Voici en quels termes l'honorable M. Gueroult apprécie notre travail dans son rapport du 27 janvier 1865.

« Cette fois, Messieurs, en vous entretenant du projet » présenté par MM. Ozanne et Boitard, ingénieurs civils, » nous allons nous occuper d'un travail sérieux et nous » sommes l'écho de juges compétents quand nous vous » disons que ce travail, bien qu'incomplet sur certains » points et ne constituant qu'un avant projet, est fait né- » anmoins avec beaucoup d'ordre et de clarté ; etc. . . . . . » et que l'on peut ainsi porter un jugement assuré sur les » propositions de ces Messieurs.

MM. les ingénieurs Tarbé de Saint-Hardouin et Cohen, consultés sur la valeur de ce projet déclarent « que le » contre-projet de MM. Ozanne et Boitard est moins com- » plet, moins économique, moins simple et moins avan- » tageux, sous tous les rapports, que celui qu'a fait étudier » la ville de Rouen. *(C'était naturel)*. . . . . » . . . .

» Puis, rendant justice au travail de MM. Ozanne et » Boitard, qui est rédigé avec soin et netteté et qui con-

» tient des indications utiles *soit pour le présent, soit*
» *pour l'avenir*, M. l'ingénieur en chef Tarbé de Saint-
» Hardouin propose au Maire de traiter avec ces Messieurs
» de la cession de leur projet à la ville.

» Nous vous faisons connaître, avec intention, ces der-
» nières conclusions parce que, si l'Administration muni-
» cipale a cru devoir écarter le projet présenté par
» MM. Ozanne et Boitard, elle ne rend pas moins justice
» à l'intéressant travail qu'ils ont rédigé avec la plus
» louable abnégation, consciencieusement et sans bruit,
» dans l'intérêt de la ville de Rouen, à laquelle ils ne sont
» pas étrangers l'un et l'autre. »

Qu'il nous soit permis de remercier ici MM. Gueroult, Tarbé de Saint-Hardouin et Cohen de leurs bienveillantes appréciations.

NOTE B.

Voici un extrait de la circulaire que nous avons adressée aux membres de l'Administration municipale le 18 novembre 1863 :

« Nous prenons donc la liberté de demander. . . . .

» 4° Enfin, que le dossier soit examiné et apprécié en

» dernier ressort par un ou plusieurs ingénieurs de Paris,
» tels que : MM. Mary, Combes, Avril, Général Morin,
» Belgrand, Dumont, Belanger, Flachat, dont la réputation
» comme hydrauliciens est universelle.

L'opinion de ces ingénieurs ne peut en aucune façon lier la Ville, qui restera toujours libre de donner suite à ses propres idées; tandis que les auteurs du projet, au contraire, accepteront sans appel le jugement qui sera porté sur leur œuvre.

NOTE C.

La population de la ville haute n'excède pas 50,000 habitants. Chacun d'eux aura donc au moins 52 litres d'eau à consommer pas jour, en ne comptant que sur une dérivation de 3,600 mètres cubes d'eau de Robec par 24 heures.

NOTE D.

EXTRAIT du rapport de M. Gueroult, 28 janvier 1865.

« Nous nous contenterons de dire que l'opinion de
» M. Cazavan (sur le projet Ozanne et Boitard), peut
» se résumer ainsi :

Nous le laissons parler :

« L'idée de puiser aux sources de la rivière de Clères » et Cailly, pour alimenter Rouen, n'est pas nouvelle, elle » n'a pas échappé à la Commission d'études nommée par » le Maire (page 60 du Rapport) laquelle Commission » comptait, parmi ses membres, un des auteurs du livre » (le regrettable M. Preisser) auquel MM. Ozanne et » Boitard déclarent qu'ils doivent la connaissance de la » source de madame Bérubé. »

Voici ce que nous répondons :

« Oui M. Preisser connaissait la source Bérubé, et l'avait vue et analysée en 1850. — Mais nous faisons appel à la bonne foi de M. Cazavan et nous lui demanderons si la Commission des eaux, dont il faisait partie, a visité cette source, si elle l'a jaugée et quand et comment ?

Si M. Cazavan dit oui, nous nous tenons pour battus sur ce point.

Mais alors, expliquez-nous pourquoi cette source, si remarquable, ne figure pas dans votre Mémoire au nombre de celles qui peuvent servir à l'alimentation de Rouen, pourquoi vous ne la citez en aucune façon et pourquoi vous dites que les sources les plus rapprochées de la vallée de Cailly sont au moins à 20 kilomètres de Rouen ?

Non la Commission des eaux n'a jamais visité la source Bérubé. »

NOTE E.

EXTRAIT d'un Mémoire de M. Champonnois Bugniot sur l'alimentation de la ville de Chalon-sur-Saône, (1863.)

« Les villes les mieux avisées, nous dit-on encore, sont » celles qui se sont confiées à des Compagnies qui, moyen» nant rétribution de la part des particuliers et de la » caisse municipale, se sont chargées de la fourniture des » eaux.

» Pauvres villes, au contraire, et bien mal conseillées.

» La plupart de ces entreprises sont tombées en décon» fiture : les villes se sont trouvées en présence des as» semblées de créanciers, *ont racheté de mauvais tra» vaux*, qu'il a fallu refaire, et elles ont été, en fin de » compte, victimes de faux calculs.

» Et cela ne saurait être autrement.

» La ville et les particuliers se trouvent en présence » d'une entreprise industrielle dont les intérêts sont op» posés aux leurs ; de là des tiraillements, des procès, » des difficultés sans nombre.

» Le prix de l'eau est incomparablement plus élevé » lorsqu'on l'achète près d'une Compagnie, parce que » celle-ci veut et doit réaliser les bénéfices qu'elle espère » retirer de sa spéculation.

» Dans bien des cas l'intérêt public est sacrifié. . . .

. . . .

» Une ville qui administre elle-même ses fontaines en
» dirige le service à son gré. — Elle n'a à compter avec
» personne, elle est libre dans ses allures, elle donne di-
» rectement ses ordres à l'agent qui est préposé à la con-
» duite des appareils hydrauliques. »

NOTE F.

Après madame Bérubé et M. Decaux, dont les usines doivent être supprimées, l'industriel qui supporte le préjudice le plus sensible est M. Gresland ; il perdra 3 chevaux 18/100 sur 63 chevaux 75 que produit la chute de la rivière. Son usine possède d'ailleurs des machines à vapeur de 80 chevaux. Nous lui avons attribué une indemnité de 20,606 fr. 40 c.

NOTES DIVERSES.

M. Brunier, dans un Mémoire qu'il a publié lors de l'enquête, estime que la ville, par son traité, paiera aux concessionnaires *rien que pour le service municipal* un revenu annuel de six pour cent du montant total de leurs dépenses.

On ne peut pas l'affirmer puisque les Anglais se sont refusés à produire toute espèce de devis.

Mais la Compagnie avoue qu'elle dépensera 2,750,000 f. et qu'elle touchera 125,000 francs rien que pour le service municipal, soit 4 $^1/_2$ p. $^0/_0$ environ d'intérêt.

Mais si on ajoute à ce premier chiffre le produit des concessions d'eau, soit 180,000 fr., puis les bénéfices à réaliser sur les installations à domicile, soit 3,000 fr. par an seulement pendant la durée de la concession, on verra que son revenu atteindra vite plus de 300,000 fr., soit un peu plus de 10 p $^0/_0$.

La Compagnie a parfaitement raison, elle est dans son rôle en cherchant à faire le plus de bénéfices possible. — Mais la ville manque à ses devoirs d'administration paternelle en admettant de pareilles conditions.

TABLEAU COMPARATIF

DU PRIX DE VENTE DE L'EAU DANS LA VILLE DE ROUEN ET DANS LA VILLE DE BORDEAUX.

VILLE DE ROUEN.

Tarif de la compagnie Anglaise.

Concessions domestiques.

Base : — 100 fr. par an pour 1,000 litres d'eau par 24 heures.

Soit, 365 mètres cubes pour 100 fr., ou 0 fr. 279 le mètre cube.

Concessions à la ville (la ville achète son eau) le mètre cube. 0f 0547

Concessions industrielles.

		Par année.
1° de 2 à 3,000 litres par jour.	9f l'hect.	180 à 270f
2° de 3 à 4,000.	8 —	240 à 320
3° de 4 à 5,000.	7 —	280 à 350
4° de 5,000 et au-dessus.	6 —	300 »

Fontaines marchandes.

(Le public n'aura donc pas le droit de puiser aux 80 fontaines stipulées en l'article 18 du traité, car s'il a ce droit, le croit-on assez simple pour aller acheter de l'eau aux fontaines marchandes).

1° Chaque hectolitre coûterait......... 5 cent.

Idem par abonnement......... 4

2° 2 seaux de 10 litres. 1

Au-dessus de 1,000 litres, chaque hectol. 3

Ainsi, il résulte de ce dernier tarif que ceux qui n'auront pas le moyen d'avoir une concession domestique devront acheter l'eau aux fontaines marchandes moyennant 3 centimes, 4 centimes, 5 centimes l'hectolitre, et ce seront les plus pauvres, ceux qui n'en pourront prendre qu'une petite quantité qui paieront le prix le plus élevé ***cinquante centimes par mètre cube*** lorsque le gaz ne coûte que ***trente-deux centimes***.

Quant au tarif des concessions industrielles, il présente cette particularité que si on demande une concession de 49 hectolitres par jour on paiera 343 fr. par an, et si on en demande 50 on ne paiera que 300 fr. — Cela est digne de remarque.

VILLE DE BORDEAUX.

Exploitation municipale.

Concessions domestiques.

Les concessions domestiques sont à robinet libre et à discrétion.

Valeur locative des immeubles.			Prix annuel de l'abonnement.
300 fr et au-dessous.			20f
300 fr. jusqu'à 500.			25
500	—	1,000.	30
1,000	—	1,500.	35
1,500	—	2,000.	40
2,000	—	2,500.	45
2,500	—	3,000.	50
Maximum		8,000.	100

Concessions jaugées.

500 litres par jour pour. . . .	50f	par an.
1,000 —	60	
2,000 —	80	

Soit 0f,164 le mètre cube au lieu de 0f,279 que l'on paiera à Rouen.

Concessions industrielles.

3 francs par an et par hectolitre pour 30 hectolitres au moins par jour.

$$\text{Soit } \frac{3^{f}}{365} = 0^{f},008$$

c'est-à-dire $^{8}/_{10}$ de centime par hectolitre ou 8 centimes le mètre cube au lieu de 0f,164 que vous paierez à Rouen.

Concessions industrielles au compteur.

1 centime par hectolitre.

Sans compter qu'il y a en ville près de deux cents bornes fontaines auxquelles le public puise en toute liberté.

Voilà à quels résultats on arrive quand on cède ses droits à une Compagnie.

Mais ce sera bien autre chose quand il s'agira de jauger les concessions.

Il y a là une source de procès sans fin.

On nous a demandé si nous consentirions à nous charger de l'établissement de la distribution d'eau pour la somme de 2,200,000 francs que nous avons indiquée au devis estimatif.

Voici ce que nous avons déjà répondu et ce que nous répétons :

« Nous ne sommes ni entrepreneurs ni financiers, nous sommes ingénieurs et nous ne voulons pas sortir de notre rôle. — Mais nous avons à notre disposition des entrepreneurs de premier ordre, tant à Paris qu'à Bordeaux qui sont disposés à traiter pour l'exécution des travaux avec un rabais sensible sur nos évaluations.

Nous préférerions faire travailler des entrepreneurs Rouennais, mais il faudrait pour celà que, chargés d'une mission officielle, il nous fût possible de dresser pour chaque nature d'ouvrage des devis très détaillés, avec plans à l'appui.

Ces ouvrages ainsi définis seraient mis en adjudication, et nous sommes tellement assurés de pouvoir faire exécuter tous les travaux pour les 2,200,000 francs indiqués, que nous consentons à prendre sur nos honoraires, jusqu'à concurrence de leur montant intégral, les sommes nécessaires pour combler le déficit, s'il y en avait. »

FIN DES NOTES.

www.ingramcontent.com/pod-product-compliance
Lightning Source LLC
LaVergne TN
LVHW020038170826
845678LV00001B/313
9782329694290